T'OUNG-PAO.

Tirage a part.

Extrait du T'oung pao
Série II, vol. VI, p. 239 à 253

Leide, E. J. Brill, 1905

BULLETIN CRITIQUE.

Sur le Yang-Tse Journal d'une double exploration pendant la campagne de Chine (1900—1901) par Félix Hémon *Commissaire de la Marine et par* MM. Bouteiller, de Carné, etc., . . . Félix Hémon, *inspecteur général de l'Instruction publique. Avec préfaces par* A. Gérard, *ancien Ministre de France en Chine et le* Commandant Baëhme. *Ouvrage orné de 30 illustrations. Paris, Ch. Delagrave, s. d. [1905], in-8, pp. xv—346.*

L'amour paternel a élevé ce monument à la mémoire d'un fils enlevé prématurément à l'affection des siens et a transformé de simples notes de voyage en une monographie très complète du plus grand fleuve de Chine.

Félix Hémon, né à Bourges le 7 Mars 1875, était parti en qualité de commissaire de la Marine pour la Chine, le 26 juin 1900; il revint, épuisé, mourir à l'hôpital maritime de Brest le 20 avril 1902, à 27 ans.

Le père du jeune et brillant officer, M. Félix Hémon, inspecteur-général de l'Instruction Publique, a voulu conserver le souvenir de son fils sous une forme durable et il publie aujourd'hui ce volume en tête duquel M. A. Gérard, notre ancien ministre en Chine, et M. le Commandant Baëhme ont écrit des préfaces.

M. Hémon a réparti les notes de son fils en quatre parties: la première raconte le voyage de Brest à Chang-hai; dans la seconde, nous avons le séjour à Chang-hai, une excursion à Tchen-kiang et à Nan-king aux tombeaux des Ming et une visite au Japon et à Hong-kong. La troisième partie renferme un second voyage sur le Yang-tseu et enfin la quatrième partie nous donne le trajet du Yang-tseu au Pei-ho et le retour de Pe-king à Toulon.

Le récit du jeune officier est accompagné de notes et à la fin de chaque partie, on a ajouté des Appendices traitant de sujets variés, tels que: le caractère chinois, la vie de famille et de société, les repas chinois, l'instruction publique, la religion des Chinois et l'Ecole française d'Extrême-Orient.

Une cinquième partie est l'oeuvre personnelle de M. Félix Hémon père; elle est consacrée à une bibliographie étendue, historique et géographique, de la région du Yang-tseu et à une longue note sur le cours, la région et les villes du grand fleuve. Un utile Index alphabétique termine cet ouvrage qui constitue une addition sérieuse à la littérature de plus en plus considérable relative à l'Empire du Milieu.

Le motif qui a dicté la rédaction de cet ouvrage ne saurait nous laisser indifférents et mérite d'être donné en exemple.

Henri CORDIER.

CECIL CLEMENTI: *Cantonese love-songs* 粵 謳. — 1 vol. de texte chinois et glossaire imprimé par Noronha et Cie à Hong-kong, in-8 de 201 p.; 1 vol. de traduction anglaise avec introduction et notes, publié à Oxford, at the Clarendon Press, 1904; in-8 de 151 p.

Les chants d'amour cantonnais traduits par M. Clementi ont été composés par un certain *Tchao Tseu-yong* 招 于 庸 dont on ne sait rien, sinon qu'il écrivit la préface de cet ouvrage en l'année

1828 et qu'il fut préfet de *Ts'ing-tcheou* 青州 dans le *Chan-tong*. Une de ses poésies (N° XLVII) est d'un accent si personnel qu'on y reconnaît des allusions à des faits concernant l'auteur lui-même; elle est adressée à une petite prostituée, nommée Fleur d'automne 秋喜, qui, de chagrin, s'était suicidée; le poète, qui l'avait aimée pendant deux ou trois mois, lui adresse des reproches au nom de leur affection passée. Fleur d'automne et ses pareilles sont les inspiratrices coutumières de *Tchao Tseu-yong*; il exprime dans ses vers les sentiments dont elles sont animées, et ces sentiments sont très purs et très touchants. La région de la fumée et des fleurs 烟花地, comme on appelle en Chine les lieux de plaisir où la beauté fugitive apparaît un instant pour se dissiper bientôt et se flétrir, cache sous ses dehors de fête des drames intimes et poignants. Livrée, généralement contre son gré, à la débauche, la jeune femme se désespère des contacts grossiers qu'elle est obligée de subir; elle est le plus souvent une prisonnière pour dettes qui est obligée de s'acquitter avec son corps; si elle rencontre un homme qui lui témoigne un peu de vraie affection, elle s'éprend de lui, mais en sentant que son bonheur est inconsistant comme un rêve de printemps 春夢; quand l'heure de l'inévitable séparation a sonné, elle se trouve plus désolée que jamais au milieu du tumulte de gaieté brutale qui l'entoure; le chant du rossignol dans la nuit, le cri de l'oie sauvage qui raie le ciel de son vol solitaire éveillent en elle le regret de l'absent; en vain attend-elle les lettres promises; les jours qui s'écoulent monotones ne font que rendre plus profond son abandon; pour elle, «l'arbre de l'affection mutuelle est planté dans la cité de tristesse». Pour quelle faute dans une existence antérieure a-t-elle été condamnée à une vie si misérable? Renaîtra-t-elle plus tard dans la même condition? Tout le poids de la doctrine bouddhique de la transmigration accable sa destinée. Sa beauté se fane; la maladie et la mort vont bientôt l'atteindre. Ce portrait de la courtisane amoureuse a été parfois esquissé dans les littératures européennes; mais les gens experts prétendent que Manon Lescaut et la Dame aux camélias furent des créatures d'exception; en Chine au contraire, Joie d'automne paraît bien être la dolente et gracieuse image qui symbolise la foule innombrable des frêles héroïnes de la misère et de l'amour. La traduction élégante et suffisamment exacte de M. Clementi nous révèle un côté fort intéressant des mœurs chinoises.   Ed. CHAVANNES.

> F. S. COUVREUR, S. J.: *Dictionnaire classique de la langue Chinoise.* — Deuxième édition, Ho-kien fou, 1904. Gr. in-4° de XXI + 1080 pages.

La publication du grand dictionnaire Chinois-Français du P. Couvreur en 1890 a marqué une date dans les études sinologiques en France; ce précieux instrument de travail a été aussitôt entre les mains de tous ceux qui s'occupent à défricher le vaste champ de la littérature chinoise et la première édition n'a pas tardé à être épuisée. Une seconde édition a donc dû être préparée; elle a paru en 1904. Il a fallu à peu près le même temps pour que le dictionnaire Chinois-Anglais de Giles, édité en 1892, demandât lui aussi une réimpression qui va prochainement être entreprise. Pendant longtemps encore les deux dictionnaires de Giles et de Couvreur resteront sans doute les inséparables compagnons du sinologue; ils se complètent en effet l'un autre, et si Giles est plus satisfaisant quand il s'agit de la langue chinoise telle qu'on l'écrit aujourd'hui, Couvreur est assurément préférable lorsqu'on aborde la traduction des textes classiques ou historiques. Le dictionnaire de Couvreur présente en outre à mes yeux trois avantages notables sur celui de Giles: en premier lieu, il distingue nettement les diverses significations d'un même mot et classe les exemples en groupes suivant les différents sens; les passages qu'il invoque s'éclairent ainsi les uns les autres et nous n'avons plus affaire, comme c'est le cas chez Giles, à une série d'expressions qui se suivent au hasard des notes prises par l'auteur. En second lieu, Couvreur a eu soin d'indiquer brièvement les sources auxquelles il empruntait ses citations, et, par là même, il a introduit quelque ordre dans le chaos que présente la langue chinoise lorsqu'on met côte à côte des phrases qui se répartissent sur une durée de plus de trois mille ans: il n'est pas indifférent de savoir que la valeur attribuée à un terme se justifie par un livre de la haute antiquité, ou, au contraire, par un numéro tout récent de la Gazette de Péking; grâce aux références que donne le P. Couvreur, des dates approximatives peuvent être assignées aux exemples qu'il nous fournit. Enfin les vignettes qui illustrent l'ouvrage du P. Couvreur, et qui devraient être plus nombreuses encore, sont souvent fort utiles en montrant aux yeux les objets que toute définition serait impuissante à bien décrire.

Un dictionnaire peut toujours être amélioré. Je crois donc utile d'indiquer ici quelques uns des changements qui me paraissent devoir être faits dans les éditions futures du livre du P. Couvreur. Je voudrais payer ainsi ma dette de reconnaissance à une œuvre qui m'a rendu les plus grands services.

En ce qui concerne la classification des sens, on pourrait, ce me semble, adopter une méthode rationnelle qui consisterait à placer en tête le sens propre du mot tel que le révèle l'étymologie; de ce sens on tirerait les divers sens métaphoriques 轉注 et on terminerait par les sens où le caractères est emprunté 叚借, c'est-à-dire où il exprime phonétiquement des mots de la langue qui n'ont d'autre rapport qu'une analogie de prononciation avec le mot fondamental que désigne spécialement ce caractère. Une telle méthode peut paraître difficile à appliquer; elle le serait en effet si nous ne rencontrions chez les lexicographes indigènes de précieux secours: un dictionnaire européen devrait prendre pour base de la classification des sens l'admirable livre chinois connu sous le nom de *Chouo wen* phonétique; c'est le *Chouo wen t'ong hiun ting cheng* 說文通訓定聲 publié par *Tchou Yun-ts'ien* 朱允倩 qui écrivit sa préface en 1833 [1]); on y trouvera pour chaque mot la série des sens propre, métaphoriques et empruntés, accompagnés d'une profusion d'exemples bien choisis qui mériteraient de passer intégralement dans nos dictionnaires. Je ne veux pas dire assurément qu'il faudrait se borner à ces sens et à ces exemples, car le *Chouo wen* phonétique ne couvre qu'une portion trop restreinte de la littérature chinoise; mais je crois que cet excellent spécimen de la science philologique d'Extrême-Orient met à notre disposition des cadres tout faits que nous n'avons plus qu'à élargir et à remplir.

Pour ce qui est de l'indication des sources, la seconde édition du P. Couvreur est en progrès marqué sur la première. Les citations du *Yi li*, du *Tso tchouan*, des Mémoires historiques de *Sseu-ma Ts'ien* et du *Ts'ien Han chou* ont été en général déterminées avec une précision qui montre que l'auteur s'est reporté aux ouvrages originaux au lieu de prendre ses citations de seconde main. Certains contre-sens ont de la sorte été corrigés, comme on pourra s'en convaincre par l'exemple suivant qui concerne un emploi particulier du mot 阻:

---

1) Sur cet ouvrage, voyez la notice et l'Index de J. H. Stewart Lockhart dans la *China Review*, vol. XII, p. 63—76.

Première édition, p. 829.	Deuxième édition, p. 978.
Opposer, placer ou employer une chose pour faire obstacle à une autre. 阻兵（左傳）opposer des troupes. 阻法度之威（史記）opposer la sévérité des lois.	Mettre son appui ou sa confiance en. 阻兵而安忍（左傳隱四年）Comptant sur la force de ses armes, il se plaît à commettre des atrocités. 阻法度之威以督責於下（史記秦本紀）Il s'appuie sur la sévérité des lois pour gouverner et opprimer ses sujets.

Tout en rendant justice à l'effort considérable qui a été fait dans la seconde édition du P. Couvreur pour mieux indiquer l'origine des citations, j'estime qu'on pourrait exiger une précision plus grande encore. Il faudrait, à mon avis, que toutes les références aux historiens canoniques fussent accompagnées de l'indication du chapitre et de la page dans l'édition lithographique des vingt-quatre historiens publiée à Chang-hai en 1888; c'est à cette édition qu'il est toujours renvoyé dans le Bulletin de l'Ecole française d'Extrême-Orient; il y aurait grand avantage à généraliser cet usage. Les sinologues devraient aussi se mettre d'accord pour adopter, en vue des citations, une édition uniforme des 子 ou écrivains non-canoniques; mais, sur ce point, je n'ai pas encore de préférence. Quant aux classiques, l'indication exacte du chapitre et du paragraphe pourrait suffire, à moins qu'on ne décidât de se rapporter à l'une ou à l'autre des récentes éditions lithographiques qui ont été publiées des treize *king*. De toute manière il importe qu'une entente s'établisse entre les travailleurs pour éviter les tâtonnements perpétuels qui résultent des citations mal localisées.

Si nous passons maintenant à l'examen des fautes qu'on peut relever dans le dictionnaire du P. Couvreur, je commencerai par exprimer le regret que cet ouvrage n'ait jamais fait l'objet de critiques de la part des sinologues; il est évident que dans ce travail colossal il y a des omissions et des erreurs; le devoir des personnes compétentes est de signaler toutes celles qu'elles découvrent afin de contribuer au perfectionnement graduel d'un livre qui est d'utilité publique; il serait souhaitable qu'une revue comme le *T'oung pao* publiât fréquemment des listes d'amendements au dictionnaire du P. Couvreur et je fais appel ici à toutes les bonnes volontés qui, dans un esprit, non de dénigrement, mais de solidarité scientifique, seraient disposées à apporter leur collaboration à cette étude. Voici dès maintenant quelques unes des observations que j'aurais à faire:

Au mot 契 (p. 195), on lit: «契丹國 Royaume établi dans le nord de la Chine et gouverné par les 金 *Kin*, de 1118 à 1235». C'est la dynastie *Leao* 遼 (907—1119), et non celle des *Kin*, qui est issue du peuple *K'i-tan*.

Au mot 娑 (p. 206—207): «邏娑 nom de la capitale du *T'ou-fan* 土蕃». Dans la première édition (p. 705), le P. Couvreur ajoutait «ancien royaume situé au nord du Koukounour en Mongolie». Puisqu'il a supprimé cette phrase erronée dans la seconde édition, pourquoi n'a-t-il pas ajouté que le nom de 邏娑, qui apparaît dans le chapitre de l'Histoire des *T'ang* (*T'ang chou*, chap. CCXVI, a, p. 1 r°) relatif au Tibet, est la transcription du mot qui s'est conservé jusqu'à nos jours dans le nom de la ville de Lhassa?

Au mot 曇 (p. 480): «瞿曇 surnom de Bouddha». Ceci est plus exact que la définition de la première édition «瞿曇 Prince». Mais pourquoi ne pas dire plus nettement encore: 瞿曇 «*K'iu-t'an*, transcription de Gautama, surnom du Buddha». D'une manière générale, sans demander au P. Couvreur de faire un relevé complet des expressions bouddhiques qui ont introduit des mots étrangers dans

la langue chinoise, on est en droit du moins de désirer qu'il indique
la valeur exacte de celles de ces expressions qu'il a admises dans
son dictionnaire; par exemple: p. 376 菩提 = Bodhi, science parfaite, intelligence; — 菩提樹 = arbre de la Bodhi (Ficus religiosa),
arbre sous lequel le Buddha parvint à l'obtention de l'intelligence
parfaite; — 招提, abréviation de 招鬭提奢 = čaturdeça, les
quatre points cardinaux; cette expression désigne un temple parce
que, primitivement, toute fondation religieuse dont on ne spécifiait
pas l'attribution à une collectivité monastique particulière était
destinée à la communauté des quatre points cardinaux (čaturdeça
samgha) [1]); — on devrait de même indiquer l'origine hindoue des
mots 刹 [2]) (p. 87), 菩薩 [3]) (p. 783 et p. 798), 鉢 [4]) (p. 954),
茶毗 [5]) (p. 498), etc. Enfin il y aurait lieu d'introduire dans le
dictionnaire du P. Couvreur certaines expressions bouddhiques (盂蘭
par exemple) qui apparaissent fréquemment dans les textes historiques
et qui ont pris droit de cité dans la langue laïque.

Dans l'article consacré au caractère 老 (p. 734), il conviendrait
de signaler le sens d'«épuisé, fatigué» que ce mot peut avoir. Cf.
BEFEO, t. III, p. 417, n. 7.

Au mot 皆, tous les exemples cités par Couvreur montrent le
mot 皆 se rapportant au sujet du verbe; il serait bon d'en citer
quelques autres où le mot 皆 se rapporterait au complément direct.
Ainsi: (Mém. hist., chap. CX, p. 1 v°) 兄弟死。皆取其妻。
妻之。«quand le frère (d'un homme) meurt, (cet homme) prend

---

1) Cf. mes «*Dix inscriptions chinoises de l'Asie Centrale*», p. 45, n. 1. — On m'ex-
cusera de renvoyer ici à mes propres travaux, mais il est assez naturel que ce soit au cours
de mes recherches personnelles que j'aie eu l'occasion de constater des lacunes dans le
dictionnaire du P. Couvreur.

2) Cf. «*Dix inscriptions chinoises de l'Asie Centrale*», p. 43, n. 1.

3) Cf. le *Handbook of Chinese Buddhism* de Eitel.

4) Cf. «*Dix inscriptions chinoises de l'Asie Centrale*», p. 55, n. 2.

5) Cf. Takakusu, dans *Journ. Roy. As. Soc.*, July 1901, p. 457, n. 1.

toutes ses femmes et les épouse». — (Ibid., p. CXVI, p. 1 v°)

及漢興皆棄其國 «quand les *Han* prirent le pouvoir, ils évacuèrent tous ces royaumes». — Voyez aussi ma traduction de *Sseu-ma Ts'ien*, t. II, p. 155, n. 1.

Au mot 策 (p. 677), la phrase 布在方策 ne signifie pas «exposé dans les annales écrites sur des tablettes»; il faut traduire: «exposé sur les tablettes et sur les fiches». Cf. *Journ. As.*, Janv.-Fév. 1905, p. 13.

Le mot 簡 (p. 685) doit être traduit, non par «tablette», mais par «fiche»; la phrase de *Tou Yu*, citée par le P. Couvreur, signifie que les affaires importantes étaient écrites sur une liasse de fiches, tandis que pour les petites affaires on se contentait d'une fiche unique ou d'une tablette. Cf. *Journ. As.*, Janv.-Fév. 1905, p. 40.

Le même article du *Journal Asiatique* qui me suggère les deux corrections précédentes m'a amené à contester la définition que le P. Couvreur donne (p. 88) du couteau appelé 削. Quant à la phrase citée sous ce caractère: 孔子因而筆削之, elle ne signifie pas «Confucius les révisa et les corrigea», mais elle doit être traduite: «Confucius s'en servit pour écrire (ce qui devait être écrit) et effacer (ce qui devait être effacé)». Cf. *Journ. As.*, Janv.-Fév. 1905, p. 60 et 61.

Au mot 渠 (p. 527) il faudrait indiquer que ce mot a, non-seulement le sens de l'adjectif «grand», mais aussi la valeur du substantif «chef». Voyez les exemples cités dans le *Journ. As.* de Nov.-Déc. 1900, p. 403, n. 2.

Il me reste à parler brièvement de l'ordre dans lequel le P. Couvreur a rangé les caractères; dans cette seconde édition, il a adopté le système de la classification du dictionnaire de *K'ang-hi* par clefs et par nombre de traits additionnels, mais en rangeant les caractères ayant même clef et même nombre de traits addition-nels suivant l'ordre alphabétique de la prononciation; dans la

première édition au contraire, les caractères étaient disposés entière-
ment suivant l'ordre alphabétique de la prononciation et un index
général placé à la fin permettait, quand cela était nécessaire, de
recourir aux clefs. Pour ma part, je préfère l'arrangement de la
première édition qui rend les recherches beaucoup plus rapides
lorsqu'on est quelque peu familiarisé avec la prononciation des
caractères chinois; je souhaite donc que le P. Couvreur y revienne
plus tard, mais j'exprime en même temps le vœu (et je crois être
ici l'interprète de bon nombre de sinologues) qu'il renonce à sa
méthode de transcription; la prononciation qu'il a adoptée ne
saurait être celle d'un dictionnaire *classique* de la langue chinoise;
on ne nous fera jamais admettre que le nom de la province de
Kan-sou 甘肅 doive être écrit *Kan-siu*, ou que le mot 女 *niu*
doive être transcrit *gniu*. En réalité, un dictionnaire chinois-français
n'a guère le choix qu'entre deux systèmes: ou bien celui de M.
Vissière, tel qu'il est appliqué par l'Ecole française d'Extrême-Orient,
ou bien celui qui est suivi dans les Variétés sinologiques par les
Jésuites de Chang-hai. Le premier système paraît devoir l'emporter;
il ne faut pas oublier cependant que le second système présente le
grand avantage de tenir compte du *jou cheng* dont on ne saurait
méconnaître l'importance lorsqu'il s'agit de recherches scientifiques.

Ed. Chavannes.

C. Pétillon, S. J.: *Petit Dictionnaire Français-Chinois*
(*Dialecte de Chang-hai*) — Chang-hai, Imprimerie de
la Mission catholique, 1905. In-16 de 598 p.

Le P. Pétillon a mis en dialecte de *Chang-hai* le petit dictionnaire
Français-Chinois du P. Debesse. Pour ce faire, il ne lui a pas toujours suffi de substituer à la prononciation mandarine la prononciation
locale de *Chang-hai*; il a fallu souvent changer les caractères eux-
mêmes afin de former des expressions nouvelles; s'il est vrai que

le fonds de la langue est le même à *Péking* et à *Chang-hai*, il n'en reste pas moins évident que les différences de prononciation s'accompagnent aussi de modifications fréquentes et considérables dans l'expression des idées. Le dictionnaire du P. Pétillon est une contribution importante à cette étude des dialectes chinois dans laquelle il reste encore tant à faire.   Ed. CHAVANNES.

ERNEST LUDWIG : *The Visit of the Teshoo Lama to Peking. Ch'ien Lung's Inscription.* — Peking, 1904. In-16 de 88 p.

Le Pantchen lama qui, en 1780, vint rendre visite à l'empereur *K'ien-long* et qui mourut de la petite vérole à Péking, est un personnage historique fort intéressant; il nous était déjà connu par les récits de Bogle que Warren Hastings avait envoyé en 1774 en mission auprès de lui à Tachelhunpo dans le but d'ouvrir des relations commerciales entre le Tibet et le Bengale; par la relation de Purungir Gosain qui accompagna ce haut dignitaire lamaïque lors de son voyage à Jehol et à Peking; par les pièces officielles chinoises qu'a traduites le P. Amiot. M. Ludwig publie aujourd'hui l'inscription chinoise qui fut composée en l'honneur du défunt Pantchen lama par l'empereur *K'ien-long* pour être érigée dans le *Houang sseu* 黃寺 où elle se trouve encore aujourd'hui. A vrai dire, ce texte ne renferme guère de renseignements nouveaux et le principal intérêt de la publication de M. Ludwig réside dans les notes où l'auteur a cherché à élucider les transcriptions chinoises par lesquelles sont exprimés les noms des divers Dalaï lama et Pantchen lama. Il eût été désirable d'ailleurs que nous eussions sous les yeux une reproduction phototypique de l'inscription, car il semble que la copie exécutée par M. Ludwig ne soit pas toujours exacte; il est évident par exemple que, au lieu de 大慈民 «greatly compassionating mankind» (p. 27), il faut lire 大慈氏

«le grand Compâtissant», épithète bien connue de Maitreya. A la p. 11, M. Ludwig critique Edkins pour avoir dit qu'un monastère de Jehol est construit sur le modèle de celui du mont Potala à Lhassa; il pense que l'édifice auquel fait allusion Edkins n'est autre que le temple élevé, pour recevoir le Pantchen lama, sur le modèle du principal temple de Tachelhunpo. En réalité Edkins n'a point fait erreur et il existe deux temples distincts à Jehol, l'un copié sur le temple de Lhassa, l'autre sur le temple de Tachelhunpo (voyez O. Franke, *Beschreibung des Jehol-Gebietes in der Provinz Chihli*, p. 54—60). Ed. CHAVANNES.

H. A. GILES: *An introduction to the history of Chinese pictorial art.* — In-8 de x + 178 p., avec 12 planches hors texte.

S'il est un homme qui ait bien mérité de la sinologie, c'est assurément M. Giles. A son dictionnaire chinois-anglais qui est un ouvrage fondamental pour l'étude de la langue chinoise, à son dictionnaire biographique dont les articles sont sans cesse consultés par les travailleurs de toutes sortes, à son histoire de la littérature chinoise qui a été la première à tracer un tableau chronologique de l'évolution littéraire en Chine, voici qu'il ajoute maintenant toute une histoire de la peinture chinoise et parcourt d'une seule traite une étape immense. On lira avec le plus vif intérêt ce nouveau volume dans lequel les anecdotes relatives aux vies des peintres et les jugements portés sur leurs œuvres par leurs compatriotes nous permettent de mieux comprendre quelle conception les Chinois se sont faites de l'art de la peinture, et, par suite, d'apprécier en connaissance de cause les produits de cet art. Aux illustrations hors texte sont jointes des notices écrites par M. Laurence Binyon, qui, mieux que personne, était qualifié pour les rédiger. Ed. CHAVANNES.

> Edouard HUBER: *Etudes de littérature bouddhique.* Hanoi
> 1904 (Extrait du *Bulletin de l'Ecole française d'Extrême-
> Orient,* juillet-septembre 1904).

L'article de M. Huber n'a que vingt-neuf pages; en fait, il enrichit
la science plus que bien des volumes. Il crée l'étude comparative des
contes et des légendes dans l'Extrême-Orient, et il montre par un
exemple excellent la méthode à suivre dans ces recherches. Familier
avec la plupart des langues de l'Orient, M. Huber se joue au milieu
des textes sanscrits, pâli et chinois; son érudition, dégagée de tout
appareil pédantesque, prend plaisir à se dissimuler sous les faits qu'elle
amasse. M. Huber signale tout d'abord un jâtaka, recueilli dans le
Lieou tou tsi king 六度集經 (traduit entre 222 et 280), et qui
raconte en abrégé le Râmâyaṇa tout entier. Seul le nom des acteurs
y manque; mais aucun des épisodes essentiels n'y fait défaut. Le
point de départ est toutefois différent; le roi (Râma) part spontané-
ment en exil pour éviter une guerre avec son oncle qui veut lui ravir
le trône; le récit s'arrête après l'épreuve où la Terre atteste la pureté
de la reine (Sîtâ). Nous pouvons affirmer désormais sur la foi d'un
document authentique que les légendes dont l'ensemble constitue le
Râmâyaṇa — à l'exclusion de l'Uttara-kâṇḍa — formaient une unité
organique au IIIe siècle de notre ère. Pour apprécier la valeur de
cette donnée, il faut se représenter la désolante pénurie des infor-
mations sur l'histoire littéraire de l'Inde.

Un autre ouvrage traduit au IIIe siècle, le *Cheng king* 生經
fournit à M. Huber la forme indienne d'un conte recueilli jadis en
Egypte par Hérodote: le Trésor du roi Rhampsinite. On en avait
déjà signalé une variante en sanscrit et une autre dans la collection
bouddhique du Tibet; mais ces deux variantes différaient assez pour
qu'on pût les prendre pour des formes autonomes du conte. Le jâtaka
retrouvé par M. Huber reproduit tous les détails du conte grec,

adroitement accommodés à l'hindoue, mais sans que l'emprunt puisse désormais laisser de doute.

Le *Tsa-pao-ts'ang king* 雜寶藏經, traduit du sanscrit en 472, permet ensuite à M. Huber de restituer au bouddhisme un conte du Pañcatantra (V, 1) qu'un critique allemand mal informé déclarait tout récemment d'origine jaina.

Mais les résultats les plus importants concernent le Divyâvadâna. Ce recueil d'histoires édifiantes est célèbre depuis que Burnouf en a traduit de longs extraits dans son *Introduction à l'Histoire du Buddhisme Indien*. Les doctrines, les récits, la langue appellent à des titres divers l'attention des indianistes. Mais l'œuvre jusqu'ici flottait sans nom ni date entre des limites indécises. M. Huber qui a préparé une traduction complète du *Ta tchouang yen king louen* 大莊嚴經論 (actuellement en cours d'impression) a reconnu dans cet ouvrage chinois trois contes littéralement correspondant au texte sanscrit du Divyâvadâna: Upagupta et Mâra (*Divyâv.* éd. Cowell-Neil, p. 357—363); Açoka et Yaças (*ib.* 382—384); le don de la demi-mangue (*ib.* 430—432). Mais le *Ta-tchouang-yen king louen* est la version d'un recueil sanscrit le Sûtrâlaṃkâra; l'original, qui ne s'est pas retrouvé jusqu'ici, passe pour l'œuvre d'Açvaghoṣa, le contemporain de Kaniṣka et le plus grand des écrivains bouddhiques. L'origine du Divyâvadâna, (et sans doute des recueils similaires) se trouve soudainement éclairée par la découverte de M. Huber; nous possédons là des matériaux antiques, empruntés à des œuvres consacrées. Açvaghoṣa, qui n'était encore il y a quinze ans que l'auteur suspect de la Vajrasûci passe au premier plan de la littérature avec son Buddha-carita et les fragments du Sûtrâlaṃkâra incorporés dans le Divyâvadâna. M. Huber, à qui nous devons ce beau résultat, doit persévérer dans la voie qu'il vient d'ouvrir; après un pareil début, quelles trouvailles n'est-on pas en droit de se promettre?

Sylvain Lévi.

IMPRIMERIE CI-DEVANT E. J. BRILL, LEIDE.